AF451790

L'ART

DE

VOYAGER

UTILEMENT.

Suivant la Copie de Paris.

A AMSTERDAM,

Chez J. Louis de Lorme Libraire sur le
Rockin, à l'enseigne de la Liberté'.

M. DC. XCVIII.

AVERTISSEMENT.

ON a donné au public depuis quatre à cinq ans plusieurs volumes de *Voyages*; mais on ne s'étoit pas encore avisé de donner des maximes pour Voyager avec fruit. Un Auteur qui commence à faire du bruit vient de publier à Paris le petit traité qu'on donne ici. Je le tiens d'une personne de bon goût, & de grandes lumieres, qui m'a asseuré que les connoisseurs de Paris le regardent comme un ouvrage excellent. Il est dommage qu'il ne soit plus ample: Cependant comme sa bonté repare richement sa brieveté, il ne seroit pas juste d'en priver le public.

Si on l'avoit reçû un peu plû-tôt, on l'auroit joint à la Relation des Découvertes & des Voyages des Espagnols dans les Indes Occidentales : Mais ayant jugé qu'il pouvoit bien se produire tout seul, on l'a imprimé de la même grandeur, afin que ceux qui souhaiteront de l'y joindre le puissent faire aisément.

Si l'Auteur suit son projet, & qu'il écrive comme il le promet, sur la politique de toutes les Cours de l'Europe, on communiquera volontiers ce qu'il donnera sur une matiere si

ri-

riche, perſuadé qu'il ne ſçauroit rien venir que
de bon d'un homme ſi ſçavant, & qui a de ſi
bons memoires, pourvû qu'il ne s'éloigne pas
de la moderation avec laquelle il faut toûjours
parler des puiſſances; ce qu'on eſpere de ſa ſa-
geſſe.

L'A R T

L'ART

DE

VOYAGER

UTILEMENT.

N croit que les avanta-
ges & les incommoditez
des voyages ne fe com-
penfent jamais enfem-
ble, qu'on y fouffre toû-
jours beaucoup, quel-
que dépenfe qu'on y
faffe, & que l'utilité qu'on en tire, ne
vaut pas les fatigues qu'on y endure: cette
opinion eft trés-fauffe, le profit va toûjours infiniment au delà de la peine, & comme la recherche du Chymifte eft toûjours
bien payée, quelques grands que foient les
frais qu'il a faits, quand il découvre quelque chofe de réel; de même le Voyageur

a 3

qui

qui a sçû s'instruire comme il faut dans ses voyages, est toûjours bien recompensé des incommoditez qu'il y a essuyées.

La prévention qu'on a de suppléer aux découvertes & à l'experience des voyages, par la lecture des livres qui en traitent, ou par la force de l'imagination qui se represente toûjours les choses comme elle est elle-même, sans pouvoir être jamais capable de se les representer comme elles sont, est une pure illusion; tout ce qui est prévention est si peu capable de former l'esprit, que c'est precisément ce qui le gâte, & qui lui ôte cette aptitude ou ce goût naturel pour la verité qui fait le fondement de la raison: ce qu'on trouve dans les livres n'est pas toûjours vrai, car outre la bienseance qui ne permet d'écrire que sous certaines regles; la flaterie, le goût du temps & de la nation, l'interest public ou le ménagement particulier mettent toûjours une proportion entre ce qu'on écrit, & ce qu'en peuvent penser ceux avec qui l'on a à vivre; ce qui forme à la verité un obstacle presque invincible de se montrer comme elle est.

On trouve en voyageant tous les secours & toutes les ressources pour bien apprendre & pour bien connoître; ce qui est caché dans les livres, paroît à découvert; on juge des choses plus surement, parce qu'on les voit plus réellement; & comme alors le rideau

est

est tiré & qu'on remonte jusqu'aux principes, on puise l'eau dans sa source, & l'on
en sent mieux le goût & la qualité. On
connoît les hommes tels qu'ils sont, & non
pas tels qu'on a interêt de les faire paroître ;
on juge de leurs actions, de leurs mœurs,
& de leur politique par elles-mêmes & non
pas sur des rapports étrangers ; de sorte que
l'esprit y prenant ces lumieres pures & vives qui le mettent au deslus de la prevention, s'y fortifie en même temps sur des fon-
demens solides, & s'éleve jusqu'à cette su-
prême region où paroiffent les grands phe-
nomenes de politique.

Le saint Esprit nous apprend, dans l'Ec-
clesiaste, que pour devenir sage il faut paf-
ser chez les Nations étrangeres, *Sapiens in
terram alienigenarum Gentium pertransiet* ; il
ajoûte ensuite, *in absconditis suis conciliabitur* ;
c'est-là qu'on s'instruit de ce qu'il y a de
plus intime à la sagesse, c'est-à-dire, la Religion ; *occulta Proverbiorum exquiret*, il examine avec reflexion les maximes, les mœurs
& les coûtumes, c'est-à-dire, la morale ;
bona enim & mala in hominibus tentabit, par
la conversation des vivans bien plus affure-
ment que par celle des morts, il apprend
à connître les sources du bien & du mal
que les hommes se font & qu'ils se procu-
rent les uns aux autres ; c'est-à-dire, la Politique : ce sont les trois principes fonda-

mentaux

mentaux fur lefquels un homme fage doit regler fa conduite & qu'on perfectionne en voyageant : on s'affermit dans la Religion dont on connoît l'importance & la fureté; on fe fait une morale folide des differentes pratiques qu'on obferve, & on s'inftruit des veritables regles de la Politique par l'ufage qu'en font les autres peuples: il refulte de-là que pour devenir fage, il faut voyager, & que ce n'eft que par-là qu'on peut efperer de devenir habile.

Cet art de voyager utilement, exige quatre conditions qui font abfolument neceffaires; la premiere eft d'avoir l'efprit déja formé & fixe fans être déterminé; la feconde eft qu'il n'ait point de prevention; la troifiéme eft qu'il foit proportionné à la fcience ou à la matiere à laquelle on fe deftine, & dans laquelle on veut fe perfectionner; & la quatriéme eft qu'on ne manque d'aucun des fecours qu'il faut employer pour avoir liaifon avec les bons maîtres, & fçavoir par foi-même leurs fentimens.

J'ai dit que la premiere condition eft d'avoir l'efprit fait, mais non pas déterminé; c'eft-à-dire, qu'il ne foit pas affez neuf pour recevoir trop avidement toute forte d'impreffion, mais neanmoins affez bien difpofé pour donner une libre entrée à la verité, c'eft ce qu'on comprendra peut-être mieux par un exemple; un homme qui voyage trop jeune, eft d'abord fcandalifé de la di-

verfité

verſité des pratiques qu'il découvre ailleurs, dans l'exercice de la Religion qu'il profeſſe; c'eſt pourquoi un homme de cet âge riſque bien plus qu'on ne penſe dans la diſcuſſion de la Religion; quoi-qu'il ſoit fort propre à ſupporter les fatigues, & la difference des climats, des nourritures, & des ſaiſons: au contraire un homme trop âgé n'eſt plus propre à profiter de ſes voyages; pourquoi? C'eſt parce-qu'il eſt trop déterminé, & qu'il a peu de diſpoſition d'apprendre mieux qu'il croit bien ſçavoir; c'eſt pour cela qu'il n'y a point de temps plus propre pour voyager que depuis vingt-cinq ans juſqu'à trente-cinq, parce qu'alors l'eſprit n'eſt ni neuf, ni achevé de former; ce qu'on apprend ne diſpoſe qu'à ſçavoir mieux, en ſe laiſſant encore inſtruire d'une maniere differente, & ce qu'on apprend ainſi devient une déciſion, contre laquelle tous les ſophiſmes du monde ne feront rien: on comprend par-là d'où vient que ſi peu de gens profitent de leurs voyages, & n'en rapportent que des circonſtances telles que des Soldats & des Poſtillons pourroient aiſément nous apprendre, c'eſt ou la trop grande jeuneſſe, ou l'âge trop déterminé qui en ſont la cauſe.

La ſeconde qualité du Voyageur eſt qu'il ſoit ſans prevention à l'égard de toutes les choſes ſur leſquelles il veut s'inſtruire; parce que la prevention fait à la raiſon ce que la taye

 fait

fait à l'œil, elle l'obſcurcit ſi fort & la rend ſi
impuiſſante à juger de l'équité de ce qu'on
lui ropoſe, que rien n'eſt plus oppoſé à la découverte de la verité que la prevention; il ne
faut rien eſperer ſans cela de ſes voyages.

La troiſiéme qualité eſt d'avoir un eſprit proportionné à la matiere à laquelle
on ſe deſtine, & dans laquelle on veut ſe
perfectionner; car comme on n'apprend
pas les élemens de la Peinture & des Arts
en voyageant & en obſervant les traits des
meilleurs Maîtres, & qu'il faut y être deſ-
tiné avant que de preſumer d'en profiter.
Supoſer qu'en envoyant un ſot dans les
païs étrangers, il en reviendra habile &
delié, c'eſt ſe tromper; un eſprit naturellement borné, le ſera toûjours à quelque
uſage qu'on le mette; il eſt vrai qu'il apprendra en voyageant à bien remplir ſa capacité; mais il ne s'enſuivra jamais qu'il la
ſurpaſſe: les eſprits ont leur degré d'élevation & de force comme les corps, & ſi tous
les ſoins imaginables ne peuvent pas ajoûter un pouce de grandeur à la taille, il eſt
de même impoſſible de pouvoir agrandir
la capacité de l'eſprit au delà des bornes
naturelles qui lui ſont preſcrites.

La quatriéme qualité eſt d'être muni de
tous les ſecours qui peuvent faciliter l'ac-
céſ des Maîtres dans les ſciences & dans les
arts qu'on veut apprendre; tous les païs
ſont

font là-dessus fort dissemblables & les mêmes secours ne conviennent pas par tout? en Allemagne, par exemple, on ne s'enfoncera jamais dans le grand monde avec une grosse dépense; on y deviendroit plus suspect & moins bien venu qu'un autre; il faut y porter de la reputation, une naissance distinguée ou un merite extraordinaire: en Italie c'est tout le contraire; dans le Levant ce n'est ni l'un ni l'autre, c'est un air de simplicité & de sincerité ou de bonne foi, qui introduira par tout: le caquet éloquent mettra bien en Pologne & tres-mal en Espagne, encore pis à Constantinople; l'excés de Religion va naturaliser Portugais, & rendra ridicule dans le Nord; l'humeur enjoüée gâtera en Autriche & en Italie, & introduira en Angleterre.

L'intelligence des Langues outre qu'elle est impossible à acquerir si l'on voyage un peu loin & qu'on veuille seulement parcourir l'Europe, ne rend pas tous les services qu'on s'imagine; elle aide beaucoup à la corruption des mœurs par la facilité qu'elle donne de s'introduire dans les lieux de débauche; mais on a remarqué qu'elle contribuë tres-peu à la formation de l'esprit; car outre que ce n'est pas le petit peuple qu'on doit être curieux de consulter, & qu'auprés des habiles la connoissance de leur Langue rend suspect, il suffit

de parler une Langue qui foit connuë : l'I-
talienne eft fort familiare dans la Grece &
dans l'Afie Mineure, outre les fecours qu'on
peut tirer des Drogmans qui y font en
grand nombre pour toutes les Langues vi-
vantes de l'Europe : fi vous parlez avec un
homme du païs une Langue morte, il n'a
pas plus d'avantage que vous, & fi vous y
êtes plus verfé que lui, il fupplera infailliblement à ce qui lui manque dans l'expref-
fion, par ce qu'il a au deffus de vous dans l'intelligence de la chofe dont il s'agit, & vous
donnera plus d'ouverture en une demie
heure de converfation qu'il ne vous en eût
donné en vingt vifites fi vous vous êtiez fer-
vi de fa Langue naturelle : il fuffit d'en fçavoir affez pour être entendu fur fes befoins ;
& l'on trouve toûjours des gens qui fe fer-
vent de vôtre Langue même pour difcou-
rir avec vous & n'être pas entendus des autres, afin d'apprendre de vous quelque
chofe que les autres ne fçachent pas, & vous
donnent lieu d'apprendre d'eux ce que vous
ne fçavez pas ; mais il faut que la curiofité
foit patiente & difcrete, cela fuppofé, un
homme eft capable de tout en voyageant
s'il joint aux conditions dont je viens de
parler une imagination vive, mais affervie,
une memoire aifée & fidele, une humeur
douce & infinuante, une curiofité qui ne
foit pas impatiente, & une détermination

fans

fans preference : ces qualitez font les introductrices qui donnent par tout une entrée facile & agreable, & qui prevenant favorablement les Nationaires en faveur du Voyageur, lui abregent toutes les peines & tous les obftacles qu'il auroit à furmonter pour entrer en liaifon avec eux & fe mettre dans une familiarité qui attire toûjours la confiance pour peu qu'on s'obferve foi-même & qu'on étudie les autres : ce font les vehicules de la Politique qui découvrant l'humeur, les inclinations, & le genie des Nations, apprennent infenfiblement à connoître leurs maximes, leur raifon d'Etat, leurs vûës, leur conduite & leurs fentimens ; enfin c'eft avec le fecours de ces qualitez qu'un homme devenant un Prothée dans les païs étrangers, fçait s'y transformer comme on y eft, & non pas comme il eft lui-même ; & par confequent profiter de tout ce qu'il y voit ou qu'il y apprend de bon & de convenable à fon caractere, ou à fon efprit.

J'ai dit qu'il faloit avoir une imagination vive, mais affervie ; cela va paffer pour un paradoxe auprés de ceux qui fe déterminant d'abord, comme ils fe fentent frapez, & qui fuppofant qu'une imagination vive ne fçauroit être affervie fans perdre en même temps fa vivacité, vont dire qu'on demande l'impoffible ; c'eft de-quoi il faut les defabufer par une comparaifon fenfible : Un

Chaf-

Chasseur voit remuer quelque chose dans
un buisson, son premier mouvement est de
se mettre en état de tirer; mais s'il le fait
d'abord sans autre observation, n'est-il pas
vrai que c'est un étourdi à qui sa précipita-
tion nuira toûjours: au lieu que s'il est sage & patient, il observera ce que c'est,
quelle bête peut être enfermée dans ce buisson, d'où elle est venuë & où elle se reti-
re: alors il est mieux en état de profiter de
ses découvertes, & son coup ne sçauroit
presque manquer de porter: il n'y a point
de comparaison plus juste & qui ait plus
de rapport; le Voyageur qui veut découvrir quelque chose dans les mysteres de la
Politique d'un Etat, y est en observation
avec la même activité qu'un Chasseur à
découvrir le gibier; tout ce qui se presen-
te d'extraordinaire, le doit fraper, mais
rien ne le doit déterminer que sa raison,
& l'application des principes de la Politique, il doit tout voir, tout écouter, &
tout mesurer sans s'imaginer qu'il tient
quelque chose, jusqu'à ce qu'il l'ait mesu-
rée avec cette discussion originaire dont
j'ai parlé; les hommes d'Etat sont extre-
mement rusez, & sçavent donner le change à un étranger, sur tout quand ils voyent
qu'il a de la vivacité & avide à recevoir
ce qu'on lui dit ou ce qu'on lui montre.

Ces

Ces aſtuces ſont plus ou moins de toutes les Nations ſelon leur degré de rafine-
ment ; c'eſt pourquoi le Voyageur habile
doit imiter le ruſé Chaſſeur, qui feint quel-
quefois de ne voir pas le gibier pour le
mieux ſurprendre ; il doit feindre de n'entendre pas, de comprendre encore moins,
& de ne découvrir rien du tout, d'où il
arrive neceſſairement deux choſes, ou
qu'on le ſupoſe ſtupide ; ce qui le rendant
moins ſuſpect, fait qu'on s'expliquera une
autre fois en des termes plus ouverts &
plus intelligibles ; ou bien qu'on s'expli-
que ſur le champ en d'autres termes, & il
eſt impoſſible que cette diverſité ne lui ſoit
de quelque ſecours pour découvrir ce
qu'on veut lui déguiſer, ou lui cacher.

Il peut encore apprendre du bruit commun d'une Province ou d'une Ville à preſ-
ſentir l'eſprit dominant d'une nation ou de
la Cour qui la gouverne, avec cette diffé-
rence que la connoiſſance qu'il prend de la
nation eſt preſque toûjours vraye & paroît
infaillible ; au lieu que l'idée qu'il prend de
la Cour eſt preſque toûjours fauſſe, & ce
feroit une eſpece de miracle ſi elle ne l'étoit
pas ; il y a dans la voix publique une certaine trace de verité, de ſimplicité, d'in-
genuité & de franchiſe qui ne permet pas
aiſément que la multitude ſe trompe ni quelle trompe les autres, d'autant plus que la
pre-

premiere cauſe, dit Origene, ne s'eſt reſer-
vée que cette voye, pour faire une impreſſion de verité dans l'eſprit de la populace,
qui n'eſt pas capable d'une autre diſcu-
tion, moins encore d'un autre rafine-
ment; ce qui fait dire au Sage dans l'Ecriture que la voix du peuple eſt la voix de
Dieu: mais la Cour eſt un autre monde où
tout eſt compoſé, d'où la ſimplicité, la
candeur, & la bonne foi, ſouvent même
la juſtice & la verité ſont bannies; comme
les hommes qui habitent ce monde ſont
differens des autres, on ne doit pas s'éton-
ner que le déguiſement y donne le change, & que l'imagination échaufée d'un
jeune homme s'y méprenne tous les jours;
tout s'y fait à deſſein, quelle merveille
que tout y ſoit double, & qu'on s'y trompe? c'eſt de-là que naît l'illuſion des fai-
ſeurs de relations de Cour. Plus ils comp-
tent ſur une prétenduë connoiſſance certaine qu'ils en ont, & plus le miniſtere
voit qu'ils s'y repoſent, plus il varie afin
de dérober la connoiſſance de la fin qu'il
ſe propoſe par l'embarras & la diverſité des
moyens.

Il n'y a point de plus dangereux écueil
pour un voyageur intelligent, que les bruits
populaires que le Conſeil du Prince fait ré-
pandre exprés, où qu'il permet qu'on ré-
pande; il n'y a aucune certitude à prendre

dre là-deſſus , & il faut éviter ſoigneuſe-
ment de s'y laiſſer ſurprendre : Un ſage
Romain me diſoit un jour à propos là-deſſus *ſe queſto foſſe véro, non lo ſaprébbe il popo-
lo* ; il ſuffit que le peuple croit ce que vous
entendez dire , pour être convaincu qu'il
n'en eſt rien au Palais, & que c'eſt une choſe achevée, ou un coup qui n'eſt pas reſolu,
peut-être même medité; car s'il étoit quelque choſe de l'un ou de l'autre , ſoyez perſuadé que le peuple n'en auroit aucune connoiſſance.

Il eſt pourtant vrai que les bruits publics
précautionnant l'imagination , au lieu de
l'inſtruire, ne laiſſent pas de donner des
vûës dont un voyageur ne manque gueres
de tirer quelque avantage; ce ſont ces bruits
que que Saluſte a divinement appellez *ex-
perimenta nationum* , les eſſais des peuples;
car il y a au moins en eux cette probabili-
té qu'ils ont un principe, & qu'ils ont donné quelque couleur à une fin qu'on veut cacher par quelque moyen apparent.

J'avouë que les Italiens excellent dans
cette methode de voyager par deſſus toutes
les nations Chrétiennes ; mais les Orientaux l'emportent encore infinement au deſſus des Italiens; c'eſt du grand commerce
que j'ai eu avec les uns & les autres que
j'ai puiſé les lumieres que j'ai là-deſſus,
mais ſur tout la maniere d'amortir le
feu

feu de l'imagination, & d'empêcher que
fa vivacité ne l'emporte; c'eſt en quoi les
Orientaux font inimitables, & qu'on ne
fçauroit confiderer en eux fans étonne-
ment.

Mais comme une imagination aſſervie ne
décide rien, & que ce qu'elle découvre,
peut la tromper auſſi bien que l'inſtruire;
c'eſt au jugement qu'elle doit confier cette
diſcuſſion pour la fixer; c'eſt pour cela qu'il
doit être élevé & net; ces deux qualitez
ne font pourtant pas ſi compatibles qu'elles le paroiſſent d'abord; l'élevation eſt ſu-
jette aux nuages; la netteté eſt ordinaire à
l'étenduë; la premiere reſſemble à ſes crou-
pes de montagnes, qui s'élevant juſques
dans les nuës, paroiſſent preſque toûjours
couvertes de nuages aux yeux de ceux qui
font dans la plaine: c'eſt-à-dire, pour expliquer cette allegorie, que les genies naturellement élevez étant bien moins capables que les autres de s'abaiſſer à tant de
circonſtances frivoles qui concourent à la découverte de l'eſprit politique d'une Cour,
il arrive aſſez ſouvent qu'ils n'en jugent pas
au deſſus de toute objection, ou que leur
expreſſion eſt moins claire & moins intelli-
gible que celle des autres. Au contraire
ceux qui affectent la netteté vont terre à
terre en ſuivant leur étenduë, vous diriez
qu'ils s'en ſervent comme d'un cordeau pour

-ran-

...nger leurs pas & leur démarche, sans lequel ils ne pourroient aller droit au but, mais aussi qui par ce secours ne font rien que de juste & de recherché.

Heureux sont ceux qui ont le genie élevé & étendu tout ensemble, leur élevation leur découvre des choses que de moindres genies ne découvriroient jamais, & leur étenduë leur donne un secours qui leur rend tout present sans embarras, parce que l'élevation étant superieure, n'omet rien qu'elle ne voye, & voit précisément & tout d'un coup tout ce qu'on peut voir pour bien juger de ce qu'on découvre.

Pour mieux enfoncer cette matiere je vais me servir d'une comparaison : trois hommes qui marchent ensemble en campagne découvrent un objet ; l'un aprés l'avoir observé dit que c'est une charette qui marche sur la croupe d'un coteau ; l'autre suppose que c'est un buisson que le vent agite, & le troisiéme asseure que c'est un homme à cheval qui avance contre le vent ; comme il n'est pas possible physiquement qu'un même objet soit tout à la fois une charette, un buisson & un homme à cheval, il est indubitable qu'il y en a au moins deux de trois qui se sont trompez dans leur jugement, & que s'il y en a un qui juge sainement, ce ne peut-être que celui qui connoît avec plus de force d'esprit tous les mouvemens

vemens poſſibles que fait l'objet qu'il a trouvé à propos de déterminer. Ce n'eſt pas préciſement à la découverte du ſens qu'il s'en faut rapporter, puis qu'il eſt de la même eſpece dans ces trois hommes, c'eſt donc à ce qu'y ajoûte celui qui a plus de connoiſſances, qu'il faut attribuer la verité de ce jugement.

L'application de cette comparaiſon eſt aiſée : des voyageurs croyent avoir découvert dans une Cour tout ce qui s'y paſſe : les entrepriſes qu'on ne voit encore que de loin, & les deſſeins qui ſont encore plus éloignez ; cependant il eſt preſque impoſſible qu'ils ayent tous la même élevation ; & il n'y aura que celui qui a le jugement plus élevé & plus net qui ſoit capable de parler juſte ſur cette découverte. C'eſt ce qui fait voir tant de differentes relations des païs étrangers que chacun donne pour vrayes & qui le ſont éffectivement, mais par proportion au caractere d'eſprit de ceux qui les ont faites ſur les lieux, comme ils en ont jugé.

Si je n'avois lû dans la relation du voyage d'Athenes l'Hiſtoire d'un Caloyer nommé Hieros Damaskinos avec lequel j'ai eu la même rencontre que cet Auteur dit lui être arrivée, je la conterois ici tout du long ; mais pour n'y ajoûter que ce qui paroît n'être pas arrivé à ce voyageur, nous

nous

nous entretenions un jour trois Gentils-
hommes de differens Païs & moi de la politique des Turcs avec cet illuftre Caloyer,
que chacun de nous affeçtoit de regarder
comme barbare pour lui donner occafion
d'en parler d'une maniere à nous en inftrui-
re, il nous répondit qu'il n'avoit aucune
connoiffance de la Politique ni en elle-même ni dans l'ufage des Turcs; qu'il s'occu-
poit uniquement à entendre & à expliquer à
fes difciples d'Athenes la pofitive, c'eft-à-
dire, à commenter l'Ecriture Sainte; mais
que fi nous nous adreffions à des Turcs
mêmes, comme au Vaivode d'Athenes & à
d'autres Notables, ils ne manqueroient pas
de nous fatisfaire là-deffus.

Je me fouviens que je fus le feul de la
troupe qui ne pût croire que ce Caloyer
n'entendit pas la Politique. Un Polonois
fort fpirituel crut qu'il étoit trop attaché à
l'Ecriture Sainte pour avoir pû étudier autre chofe, l'Allemand dit qu'il n'étoit qu'un
Scolaftique & un Critique d'Ecriture Sainte; l'Italien foûtint qu'étant de ce refte de
Grecs qui ne paroît que la pofterité des Pay-
fans d'autrefois, il n'avoit pas affez de fi-
neffe d'efprit pour approfondir une Politique qui leur étoit auffi onereufe qu'elle leur
paroiffoit violente & déraifonnable.

Nous pouffames nôtre curiofité plus
loin, & le bonheur voulut qu'un Sangiac
qui

qui revenoit de Candie à la Porte, & qui paſſoit par Athenes nous voulut bien inſtruire de pluſieurs choſes que nous souhaittions de ſçavoir, & nous apprit en même temps qu'il n'y avoit point d'homme au monde qui en ſçût autant là-deſſus que ce Caloyer ; Dieu ſçait ſi je me ſçus bon gré d'en avoir jugé differemment des autres ! & aprés pluſieurs follicitations aſſez vives, nous obligeâmes ce ſçavant Caloyer de lever le maſque & de nous faire voir qui il étoit ſous ce déguiſement de ſimplicité compoſée qui auroit trompé un millier de perſonnes.

Je reviens de cette digreſſion, & je dis que pour bien juger de tout ce qui ſe preſente & de ce qui frape en voyageant dans les Païs étrangers, ſoit de Religion, ſoit de mœurs, ſoit de politique, il faut avoir de l'élevation & de la netteté dans le jugement, c'eſt-à-dire, une certaine proportion qui arrange tellement les choſes, qu'elles n'embaraſſent pas, & qu'elles n'engendrent que de la lumiere dans l'eſprit des autres. On ne ſçauroit l'acquerir quand on ne l'a pas recuë en naiſſant ; on ne peut l'expliquer que par ſon action, & pour en donner quelque idée, il me ſemble qu'elle conſiſte en trois choſes, la premiere d'appuyer ſon jugement ſur ce qui paroît le moins dans une intrigue ou dans une negotiation, car comme

la Politique est une academie de déguise-
ment & un exercice de ruse & de finesse;
c'est toûjours ce qui paroît le moins dans
une découverte politique qui peut passer
pour ce qu'il y a de plus réel & de plus vrai:
la seconde, de ne trouver jamais rien d'assez
bien expliqué pour se déterminer, afin que
l'approfondissement inesperé d'une certaine
circonstance, sur laquelle il ne paroît pas
qu'on soit preparé, découvre quelque chose surquoi le ministere d'une Cour ne peut
être preparé; d'autant plus que la politique speculative étant censée impenetrable,
& ne commençant de paroître que quand
elle veut passer à l'execution; c'est dans les
circonstances de celle-ci que vous devez
chercher la découverte & la certitude de
celle-là.

Enfin la troisiéme est dans l'opposition
d'une chose avec une autre; car quoi que
les moyens qu'employe la Politique particu-
liere, puissent absolument changer du jour
au lendemain, puis qu'un moyen n'est jamais essentiel ni inseparable de la Politique;
il est pourtant vrai qu'à observer comment
les hommes sont faits, il y a de la proba-
bilité que le conseil du Prince ne change
pas des notions publiques, pas même des
déterminations qui se contredisent du blanc
au noir; par-où l'opposition qu'un voyageur
intelligent découvre dans les choses qu'il
ap-

apprend , doit suspendre son jugement , & l'obliger de n'en opiner qu'avec le temps.

La premiere de ces épreuves forme les jugemens solides; la seconde les cultive & les subtilise ; & la derniere les perfection-ne.   La premiere est plus deuë au naturel qu'à l'experience , la seconde dépend autant de l'experience que du naturel ; & la derniere éleve à la prudence consom-mée qui est le comble de la sagesse politi-que.

Un voyageur qui n'a pas une élevation d'esprit capable d'inventions pour surpas-ser un autre esprit , peut se servir de la se-conde preuve d'un bon esprit, qui est d'in-terroger beaucoup, & décider peu ; mais on lui présage que si l'une & l'autre lui man-quent il n'arrivera jamais à ce sanctuaire.

La memoire passe dans l'idée de bien des gens pour une des plus belles parties de l'esprit : on se trompe, comme elle ne repro-duit que ce qu'on lui confie, dés qu'il y a de la confusion dans l'esprit ; il faut neces-sairement qu'il y en ait dans la memoire ? c'est un grand avantage pour un voyageur de l'avoir aisée pourvû qu'elle soit fidelle ; car si parce qu'on a beaucoup vû , on de-bite beaucoup sans rien faire comprendre , par une confusion ordinaire dans l'effroya-ble diversité des choses , des noms & des

cir-

circonftances la memoire n'eft plus qu'un embarras.

J'ai toûjours regardé la memoire aiſée dans un homme, comme un beau viſage qui cache quantité d'infirmitez dans un corps mal fain, elle frappe plus que ces infirmitez quoi qu'il ſoit vrai que celles-ci ſoient plus grandes; car outre qu'elle ſert d'écueil à l'imagination, & celle-ci à la raiſon bien digerée; ſuppoſant même qu'elle ſoit compatible avec l'une & l'autre, il ne laiſſe pas d'être vrai que cette grande quantité de faits demandent ou un temps immenſe pour les bien ranger, ou un feu miraculeux pour les fondre enſemble ſans les alterer; c'eft ſuppoſer l'impoſſible de croire qu'une memoire aiſée ſoit fidelle & ne faſſe pas diverſion à la force de l'application qu'exige le jugement.

Cependant elle doit l'être neceſſairement dans un voyageur, & l'une de ces qualitez lui ſeroit inutile ſans l'autre, pour pouvoir connoître quelque choſe des determinations nationnaires d'une politique étrangere. Car ſi ce qu'il apprend aujourd'hui; n'eſt appuyé de toutes les circonſtances qui peuvent le rendre plus que vrai-ſemblable à ſa diſcuſſion, & ne lui eſt reproduit dans toutes ſes circonſtances lors qu'une ſemblable proportion d'affaire ſe preſente à

b   lui

lui ; ne conçoit-on pas que toutes les circonftances qui ont aidé la premiere fois à décider de la chofe dont il s'agiffoit , ne lui
étant repréfentées qu'à demi , & à la place
de celles qu'il omet ; d'autres s'y fubfti-
tuent qui changent la détermination & la
chofe? ne voit-on pas , dis-je , que cette
memoire aifée le jette dans la confufion,
parce qu'elle n'eft pas fidelle dans la reproduction de toutes les circonftances? faifons
fentir cette déduction par un exemple.

Le Vifir Kara Muftapha qui affiegea
Vienne fe fouvenoit bien des projets & des
avis que le Comte Tekely lui avoit infpiré
dans fes tentes au deffus de Bude lors de
leur entrevûë , avant cette grande entré-
prife ; fa memoire lui reproduifit à l'extremité ce que fa fierté lui avoit fait méprifer.
Ce Comte lui avoit perfuadé de s'emparer
des Ponts de Vienne du côté du Septentrion
avant que de faire un fiege dans les formes ;
dans la préfomption où qu'il enfermeroit
dans Leopolftat le feu Duc de Lorraine avec fes troupes , ou qu'il l'obligeroit
d'en fortir plus promptement & avec plus
de monde , par où la circonvalation feroit
plus aifée à faire , & qu'apparemment la
garnifon en deviendroit moins nombreufe ;
ou ce Prince s'expoferoit à fouffrir en campagne le premier échec. Jamais avis n'a
été fi fage & fi temerairement méprifé.

Ce

Ce Vifir humilié par la refiftance des affiegez & reduit à tout tenter pour reparer les pertes qu'il avoit faites & le temps qu'il perdoit à ce fiege, y voulut revenir, & s'avifa de vouloir occuper les Ponts, fans confiderer la difference du temps & des circonftances ; il ne laifia pas de donner fes ordres pour ce deflein, mais au lieu que dans la premiere conjoncture il eut infailliblement dégarni Vienne ou affoibli le fecours que le Prince de Lorraine ménagea fi long-temps & fi heureufement contre lui, il fe dégarnit lui-même & envoya des troupes fe faire tailler en pieces fans pouvoir executer les ordres qu'elles avoient reçû.

Vous jugerez par-là, qu'une memoire aifée eft toûjours dangereufe quand elle eft infidelle, j'avouë qu'elle l'eft toûjours moins dans la fpeculation d'un voyageur que dans la conduite d'un politique qui doit dés les premiers pas qu'il fait, s'en défier davantage que s'y repofer : la memoire eft d'un grand fecours au Barreau & dans la Chaire, mais elle eft la moindre partie d'un homme d'Etat. C'eft en lifant (qui eft un efpece de voyage) c'eft en voyageant (qui eft une lecture vivante) qu'il faut fe convaincre de cette verité qu'une memoire aifée étant ordinairement infidelle quand elle eft trop chargée de plufieurs

cho-

chofes qui n'ont entr'elles aucune connexi-
té; il n'y a rien qu'il ne faille mettre en
ufage pour l'avoir moins aifée & la rendre
plus fidelle.

J'ai crû avoir remarqué par experience
que trois ménagemens contribuent beaucoup à cette reduction qui eft affurément
tres-difficile à faire. Le premier eft de
bien apprendre les premieres chofes étrangeres fur lefquelles on veut occuper fa memoire, fans s'inquieter à retenir les mots
propres des lieux, des perfonnes & du
temps ; ce que les Gazetiers manquent
rarement de bien déduire & d'apprendre
aux curieux, parce que c'eft leur portion.
Le fecond eft de joindre à ce que l'on fçait,
ce que l'on veut encore apprendre par quelque époque de faits, de temps, ou de conjonctures qui fe reffemblent & qui fe rap-
pellent l'une l'autre ; comme par exemple
à la levée du fiege de Vienne la demande
politique que fit le Roi de Pologne du
mariage de fon fils aîné avec l'Archidu-
cheffe, qui devoit être le prix du fecours.
Le troifiéme eft de réünir l'un & l'autre
aux circonftances & à la conduite actuelle
du pais dont on eft, ou dans lequel on doit
retourner, parce que ce qui s'y paffe ne
pouvant échaper par la reproduction qui
s'en fera, tout ce qu'on y aura enchaîné
n'échapera pas, & l'on rendra fa memoire
fidel-

fidelle à un point que toutes chofes feront
d'abord prefentes.

J'ai dit qu'il faut bien apprendre les pre-
mieres découvertes de fes voyages ; c'eft-
à-dire, qu'on doit aprés avoir approfondi
les préceptes de la politique (fans quoi
neant) fe tourner de tant de côtez fur ce
qui frape d'abord differemment de la
prévention qu'on apporte de fon païs; qu'on
fe faffe contre cette prévention, des ob-
jections de toutes les raifons qu'on impute
à la prévention des autres. C'eft ce qu'il
eft bon de démontrer par un exemple.

Un François fe trouve à Rome avec des
entrées, des commoditez & des recommandations ; on l'accable de civilitez fans
le mettre dans cette efpece de familiarité
qui eft fi fort de fon goût; cela l'impatiente, & demeurer à Rome fix femai-
nes pour vivre quarante jours en Auberge,
eft pour lui un fupplice ; enfin on lui dé-
velope les raifons de cette difference, &
on lui fait connoître que l'Italien étant
fplendide fans être riche & voulant être
liberal fans s'incommoder, attend à le re-
galer magnifiquement & en bonne compagnie quand il croira qu'il en fera temps ;
il en verra tout l'éclat, la profufion & la
magnificence : il faut qu'il examine toutes
les raifons de cette conduite, & qu'oppo-

fant

fant cette liberté que les Italiens fe confer-
vent, à la diffipation fi ordinaire à la nation, il convienne qu'on fait tres-bien à
Rome de ne vivre pas dans cette familiarité.   Toutes ces découvertes lui ferviront
à Conftantinople, & il paroîtra connoiffeur dans un autre endroit à proportion
que la memoire lui reproduira plus fidel-
lement les raifons & les proportions qui
l'auront déterminé à Rome.   Voilà ce
que j'appelle bien apprendre d'abord ce
qu'on veut mettre dans fa memoire.

La feconde methode eft de joindre les
chofes enfemble par quelque époque re-
marquable & qu'il ne foit pas facile de
changer.   Cet enchaînement eft comme
un guide qui marche toûjours devant le jugement le flambeau à la main, & qui permet rarement qu'on fe méprenne ; l'époque
facilite la fidelité de la memoire & les proportions fe trouvant liées enfemble, il eft
prefque impoffible que la reproduction
n'en foit fidelle.

La raifon ne vient pas de la nature des
incidens qui fe trouvent enchainez par accident, mais de l'application qu'y a pour
lors l'efprit, laquelle n'omettant rien pour
bien apprendre, ne peut entrevoir deux
circonftances diffemblables qui concourent
à un même fait fans s'en faire un certain
point fixe, tant pour le temps que pour

les

les conjonctures ; c'eſt ce qui nous fait
voir tant de digreſſions dans les anciens
Hiſtoriens , qui n'ont pû reſiſter à cette
inclination naturelle d'apprendre par les
mêmes ouvrages ce qu'ils avoient obſervé
en même temps ou par les mêmes découvertes.

Enfin la troiſiéme methode de rendre
la memoire fidelle, eſt de réünir les connoiſſances qu'on reçoit & les conjonctures qui ſe preſentent, à ce qui ſe paſſe ac-
tuellement dans le païs d'où l'on eſt,
puiſque la reproduction de tout ce qui s'y
paſſe , devant être frequente & de longue
durée, l'on y aura neceſſairement quelque
part , & celle-ci obligeant d'y rejoindre
ce qui ſe paſſoit dans ce païs lors qu'on y
étoit, on eſt comme enchaîné aux circonſtances ſur leſquelles on ne ſçauroit ſe mé-
prendre , & qui obligent neceſſairement
de les reproduire. Il eſt vrai qu'il faut de
la force d'eſprit, du travail & du temps
pour réünir l'un avec l'autre aprés de
grands voyages , particulierement quand
on les a fait ſans avoir eu de correſpon-
dance avec ſa patrie; mais on exprimen-
te tous les jours que la choſe n'eſt pas impoſſible.

Voilà, ce me ſemble, l'innocent artifi-
ce de rendre ſa memoire fidelle quand on
l'a aiſée; paſſons aux autres qualitez du voyageur.   b 4   J'ai

J'ai dit qu'il devoit avoir l'humeur douce & infinuante, non pas par une compofition étudiée qui fe dément bien-tôt quand les fejours font longs; mais par une docilité d'efprit qui agrée comme naturellement les chofes qui paroîtroient devoir le rebuter felon le goût de fa nation : c'eft cette douceur qui dans les hommes publics devient affabilité, & qui dans les voyageurs doit toûjours être condefcendance, fans jamais devenir lâcheté : & il faut avoir l'art de fe fervir de cette condefcendance d'une maniere à en profiter, & à s'attirer ou quelque confidence ou quelque inftruction. On fe trouve, par exemple, avec un Anglois qui vante fa nation, fes forces, fon courage, fon commerce, fon abondance & fon indépendance, & qui ne parle prefque jamais d'un François, d'un Italien & d'un Allemand qu'avec mépris; un voyageur qui a l'efprit docile mais ferme, conviendra avec fuffrage & avec des termes finceres, de ce qu'il y a de bon dans la nation Angloife & dans fa politique, fans jamais entrer dans le parallelle de nation à nation, même d'homme à homme; ce qu'on doit extrêmement éviter, parce-qu'il y a toujours dans les païs étrangers des gens déguifez dont le genie, la nation, les interefts & les vûës ne fe font prefque jamais connoître, & qu'on s'attireroit par-
là

là: ce voyageur en tenant cette conduite ne manquera pas de s'attirer la confidence de cet Anglois, & d'apprendre de lui pourquoi la nation Angloife eft fi inégale au milieu de tant de profperitez? pourquoi elle eft fi avide du gain au milieu de tant de richeffes? & comment il fe peut faire qu'elle foit fi peu propre aux longues entreprifes & aux conqueftes avec tant de force & de fi grands armemens? enfin il apprendra de cet Anglois plus de chofes en trois jours qu'il n'en pourroit apprendre par tous les Hiftoriens qui en ont éctit.

En voici la démonftration, toutes les fois que quelque chofe flatte un homme jufques à l'obliger de méprifer ce qui ne lui paroît pas y être proportionné, ou cet homme eft un fot, ou un homme déguifé, ou un connoiffeur entêté de fon interêt, & trop zelé: fi c'eft le premier, un voyageur intelligent le découvrira aifément, & le méprifera fans même lui parler. Si c'eft le fecond, ne le mettra-il pas à l'épreuve par les regles que je viens de lui donner, en telle forte que cet homme déguifé, n'ira pas loin fans fe taire ou fans fe trahir? Si c'eft le dernier, il ne peut-être connoiffeur que par les principes univerfels de la politique, en quoi il n'eft pas au deffus du voyageur; ou par les déterminations particu-

lieres

lieres & propres à sa nation; & par cet endroit il excite toute la curiosité de ce voyageur, qui pour la bien satisfaire, doit se laisser instruire avec cette complaisance délicate qu'on a déja supposée; il faut écouter, applaudir, interroger; l'audiance & l'applaudissement produisent toûjours l'estime & la confiance; l'interrogation ingenieuse, modeste & douce entraîne avec elle les découvertes; l'experience fait voir qu'elle ne manque jamais de tirer quelque connoissance des personnes auprés desquelles on l'exerce, il n'y a pas jusqu'à un domestique qui m'ayant appris comme par accident la visite de quelqu'un chez son Maître, ne m'ait fourni la premiere occasion d'approfondir une chose à quoi je ne pensois point du tout, & dont la découverte me donna la satisfaction qui convient à un homme qui voyage pour s'instruire.

Mais pour en rendre l'effet plus seur il faut joindre à cette qualité une curiosité sans impatience; il faut de la curiosité en voyageant, mais elle ne doit pas être trop vive; afin d'en dissimuler le motif & le couvrir des prétextes ordinaires de cette vaine recherche qui ne s'applique qu'à des descriptions d'Eglise, de Palais, de Jardins, de Fortifications, & au détail de certains conseils & de certaines circonstances que les Cuisiniers d'une Cour entendent

dent toûjours auſſi bien que ceux qui en
compoſent des relations. Il y faut de la
curioſité pour addoucir les rebuts & les
difficultez qu'on ne manque pas d'éprou-
ver en s'accommodant pour la vie, pour
les habits & pour les mœurs avec des nations ſi diſſemblables à la ſienne ; car comme l'amour propre a des raiſons plus preſ-
ſantes quand il ſe déſaiſit de ce qui le flatte pour s'expoſer à ce qui le rebute, il
faut que quittant ce qui le flatte ſi naturellement, il ſoit dédommagé par quelque
autre ſatisfaction que l'imagination ait l'art
de lui repreſenter plus grande, plus ſin-
guliere & plus durable, ſans quoi il n'y a
pas d'apparence d'eſperer de voyager avec
plaiſir, & il n'y a que de la temerité à s'y
engager. Car de ſuppoſer qu'avec toutes
les commoditez qu'on voudra y employer,
l'on ne ſouffrira rien en voyageant, c'eſt
s'abuſer ; & particulierement quand on
ſort de l'Europe Chrétienne. Il faut donc
que la curioſité tienne lieu de tout plaiſir,
& qu'elle indemniſe de toutes les dépenſes
& de tous les dégouts auſquels on s'expoſe.

Cette curioſité ſe prive de ce qu'elle a
medité d'acquerir dés qu'elle paroît impatiente ; & elle l'eſt toûjours quand elle le
paroît. Les hommes ſont faits de cette
maniere par toute la terre, qu'il n'y en a

pas un qui voulut obliger à son desavanta-
ge, & le plus reconnoiffant & le plus offi-
cieux ne fournira jamais d'occafion de fe
prévaloir directement de ce qu'il découvre.　Tous ceux qui obfervent un voyageur ont là-deffus la même impreffion, il
n'y a perfonne qui ne foupçonne quelque
deffein dans un homme qui quitte fa famil-
le & fon païs pour s'expofer à des mala-
dies, à des dangers & à des incidens qui
font abfolnment inévitables.　Ceux qui
ne fuppofent en lui qu'une curiofité fen-
fuelle font toûjouts affez indulgens pour
contribuer à le fatisfaire là-deffus, parce-
que l'amour propre du nationnaire l'inte-
reffe à découvrir à l'étranger ce qu'il a de
curieux dans fon païs ; mais comme c'eft
une autre efpece de voyageur que je fuppofe, c'eft-à-dire, pour avoir quelque ouverture de la politique d'un Etat ; le premier avis que je lui donne, n'eft pas de manquer de curiofité (je raifonnerois mal) c'eft de
n'avoir aucune impatience de la fatisfaire.

L'impatience eft la fille du défir, & celui-ci pour être raifonnable doit être la
production du jugement qui convainc pleinement que ce qui peut éloigner la fin
qu'on fe propofe, n'eft pas propre à y con-
duire ; l'impatience éloignera infailliblement la fin que le voyageur fe propofe,
& confequemment l'impatience n'eft pas
pro-

propre à avancer le plaisir qu'il en attend : mais pour faire encore mieux comprendre pourquoi & comment l'impatience retarde la curiosité, il n'y a qu'à dire qu'elle fait naître la précaution du nationnaire, laquelle précaution devient une muraille qu'il faut penetrer ou abbattre avant que de pouvoir découvrir ce qui se passe derriere. Plus un homme de quelque consideration s'apperçoit qu'un étranger a d'empressement de s'instruire, moins il a d'envie de le satisfaire, & plus il s'observe pour ne le contenter qu'à l'extremité, & qu'aprés avoir appris de lui-même quelque chose qui l'y oblige. Cet obstacle devient si grand, qu'il ne faut pas croire de le mépriser, ni de le vaincre qu'à force de temps & de ménagemens ; si l'on présume le premier, l'on trouvera tout le monde prévenu contre soi dés que celui que l'on a méprisé se sera expliqué d'une maniere desavantageuse ; si l'on se retranche sur le second, l'on s'engage dans une grande dépense avec l'incertitude plus que morale d'y pouvoir réüssir.

N'auroit-on pas mieux fait de paroître ouvert & sans inquietude en presence de gens qui ne se féroient pas précautionnez, & qui auroient attribué à la curiosité ce qu'on leur fait appercevoir d'imputer au désir de connoître l'état present du Gouvernement : c'est surquoi il ne sera pas hors

de

de propos d'alleguer un exemple dont j'ai
été témoin. Je me trouvois dans une Cour
étrangere, lorsqu'un Hollandois de beaucoup d'esprit & de trop d'apparence pour
n'être pas suspect, fit demander audience
à un des principaux Ministres, qui dans
la conversation se servant du droit que lui
donnoit son rang & son authorité, lui de-
manda *quel étoit le motif de son voyage.*
Le Hollandois croyant lui faire sa cour, lui
répondit que *c'étoit pour apprendre par lui-*
même aussi bien que par l'exemple des person-
nes de son élevation, à s'instruire du gouver-
nement d'un Etat, le Ministre lui repartit
froidement *il vous faudroit bien du temps &*
des années avant que d'y réussir, à quoi cet
étranger lui repliqua sottement *ma curiosité*
& l'impatience que j'ai de sçavoir pourront
abreger l'un & l'autre. A cette réponse le
Ministre se leva, & lui dit en le quittant :
Pour moi, Monsieur, je sens bien que je ne
contribuerai ni à l'un ni à l'autre. Le Hollandois fut au desespoir d'être devenu suspect à un Ministre qui l'avoit reçû avec
affabilité & qui le regarda depuis comme
un étourdi.

En faut-il davantage pour marquer que
la curiosité supposée necessaire dans un
voyageur, ne doit pas être impatiente ;
mais pour cela il faut avoir beaucoup de
jugement, & même beaucoup de discer-
nement

nement des nations & des esprits ; & c'est
ce qu'on ne sçauroit communiquer à personne.

Il n'est pas aprés tout impossible de n'a-
voir point d'impatience d'apprendre ce
qu'on va chercher si loin ; car comme le
voyageur qui raisonne n'a point assigné de
terme à ses voyages, moins encore de loix
aux nations étrangeres, c'est à lui d'accommoder l'étenduë de sa curiosité à ses
forces, & de proportionner les effets de
cette curiosité au bonheur des découvertes
étrangeres : toutes les occasions, toutes les
saisons, toutes les conjonctures n'y font
pas également propres ; il y a des Etats dans
lesquels on n'apprend rien du tout durant
la guerre, il y en a d'autres où l'on n'apprend rien du tout que pendant la guerre.
Ici la paix est un obstacle pour les découvertes politiques ; là c'est la guerre qui
ferme toutes les avenuës à la confidence
des particuliers. Il y a des Ministres sous
la conduite desquels on n'oseroit parler : il
y en a d'autres sous le gouvernement desquels on dit tout ; c'est de-là que les uns
apprennent plus que les autres, quoi que
peut-être ils ayent la même habileté & la
même curiosité ; & si l'on veut me per-
mettre d'y ajoûter mon sentiment, je ne
feindrai point de dire qu'il faut avoir
voyagé à plusieurs reprises & plusieurs fois
dans

dans une même Cour pour s'aſſûrer d'y avoir profité & d'en avoir penetré les maximes & la conduite.

Qu'on juge aprés cela ſi l'impatience n'eſt pas un obſtacle invincible à la curioſité, & quel deſavantage ont ceux qu'une trop grande vivacité precipite, & qu'un temperamment boüillant expoſe plûtôt à la cenſure qu'à la confidence des nations étrangeres.

C'eſt encore bien pis quand on n'a pas cette indetermination politique qui agit ſans préference, qui ne laiſſe point voir de prévention, & qui ne montre pas plus d'attachement pour les maximes de ſa nation, que d'indifference pour celles des autres; comme c'eſt ici le grand défaut ou plûtôt le peché originel qu'on porte dans les païs étrangers, on ne ſçauroit trop le combattre & en faire voir le danger.

La raiſon univerſelle qui eſt le fondement de la politique, veut qu'un honnête homme parte de ſon païs indeterminé, c'eſt-à-dire, ſi diſpoſé à apprendre de tous les hommes comme l'a prononcé le ſaint Eſprit, *bona enim & mala ex hominibus tentabit;* qu'il n'y en ait pas un qui n'ait droit ſur ſa docilité, & qui ne ſoit bien reçû à lui vouloir apprendre quelque choſe: il eſt inutile & même dangereux de voyager ſans cette diſpoſition; car comme la diverſité verfité des efprits eft l'unique remede de la vaine prévention d'un efprit , il arrive à un voyageur inconfideré qu'il ruine fa fanté & qu'il altere fa raifon par tout ce qui étoit difpofé à la rétablir & à la rendre meilleure; c'eft ce qui faifoit dire au feu Electeur Palatin, *que celui-là eft un fot qui part de fon pais fans efperer d'y revenir plus honnête, plus fage & plus éclairé qu'il n'étoit.*

Cette difpofition fuppofée , en attirera une autre; c'eft qu'un fage voyageur ne reviendra jamais indéterminé comme il étoit en partant; mais pleinement convaincu du meilleur & du plus folide bien dont il aura eu l'adreffe de former fon efprit à proportion qu'il aura été plus capable de fondre enfemble tant de matieres diffemblables pour n'en tirer que ce qui peut contribuer à le rendre plus fçavant & mieux inftruit.

Cette induction n'eft pas fi aifée à rencontrer qu'il eft aifé d'en parler; car comme il faut une merveilleufe trempe d'efprit pour être capable de cette docilité qui met un homme aux pieds & aux leçons de tous les autres hommes , c'eft une efpece de miracle qu'un genie de ce caractere, qui foit affez fixe & affez folide pour fe déterminer au milieu d'une fi prodigieufe quantité de maximes , qui ont toutes la raifon pour principe , quoi que les
effets

effets qu'elles produifent paroiffent fi op-
pofez l'un à l'autre. Il eft même dangereux que cette docilité dont on s'eft
muni en partant, ne devienne irrefolution, molleffe ou lâche complaifance au
retour : ce qu'on voit dans la plûpart de
ceux qui veulent approfondir les matieres
de Religion au préjudice des fyftémes éta-
blis, & qui fouvent pour en avoir trop
vû & trop examiné ne s'attachent à aucun & meurent dans cette irrefolution, arrive à ces efprits mediocres, aifez en apparence, mais foibles en effet, qui à force
de voir de differentes maximes de gouvernement, deviennent infuffifans à gouverner, parce qu'ils n'ont pas eu affez de feu
pour fondre enfemble tant de matieres &
n'en tirer que ce qui convient précifément
au gouvernement de leur païs.

On voit tous les jours quantité de ces efprits, non feulement dans les Voyageurs,
mais même parmi les Miniftres & les Ne-
gotiateurs; la tête leur tourne fur ces diffe-
rences au lieu de s'affermir : à propos de-
quoi le vieux Prince Lubomirski avoit
coûtume de dire *on envoye ces fortes de gens
apprendre l'art d'être fots par regle.* En effet
ils paroiffent fi peu remplis des idées gené-
rales de la politique, & fi entêtez des maximes particulieres de leur nation, qu'on en
découvre la petiteffe dés qu'ils commencent
de parler.

Di-

Difons-le plus ouvertement pour l'interêt public, c'eft l'ignorance, qui détermine certains voyageurs, avant même que
les maximes étrangeres leur foient connuës;
ils partent de leur païs fi remplis de leur
prévention, qu'ils font refolus de n'y revenir que plus entêtez encore qu'ils n'en
étoient partis; d'où il arrive ou qu'ils ne
peuvent rien apprendre à force d'être pré-
venus, ou qu'à force de voir & d'apprendre ils ne peuvent plus fe déterminer, fem-
blables à ceux qui ont plus de viandes dans
l'eftomach qu'il ne s'y trouve de chaleur
pour en faire la digeftion. C'eft à ce propos que le feu Prince Charles de Lorraine difoit communément, *Si ces voyageurs*
apprenoient pour fçavoir ils n'outreroient rien,
mais préfumer tout fçavoir avant que d'avoir
été capables d'apprendre, c'eft le moyen de deve-
nir un fat de diftinction.

L'ignorance renferme ici trois rapports
que la plûpart des nations ne comprénnent
pas affez, ou qu'elles n'uniffent prefque
jamais enfemble. Le premier eft du côté
des principes de la Politique univerfelle
que les efprits mediocres confondent prefque toûjours avec les déterminations ac-
tuelles du gouvernement de leur païs, il
eft vrai qu'il y en a par tout de plus élevez & de plus juftes qui enfoncent la matiere & qui approfondiffent les moyens de
re-

reparer les défauts de la Politique de leur nation; mais il arrive presque par tout que ces genies font peu avancez dans la faveur, & fort peu confiderez dans un Etat, foit qu'ils manquent de docilité pour s'accommoder aux autres, ou de foumiffion pour fe faire des patrons, ou d'ambition pour fe pouffer. C'étoit à propos de ces genies que le feu Duc de Parme difoit un jour, *qu'ils étoient aux Etats ce que les étais font aux vieux bâtimens, pour en empêcher la ruine.*

Le fecond rapport de l'ignorance vient du côté des autres genies; qui furpaffant les premiers, tant en nombre qu'en autorité, font en poffeffion de donner le prix aux chofes, & le poids aux décifions: il arrive par-là prefque neceffairement qu'on fuppofe meilleur & plus vrai ce qui paroît le plus autorifé & le plus reçû: cette méprife eft prefque irreparable en prenant la chofe dàns le general, d'autant que le nombre des efprits juftes & élevez étant toûjours tres-petit par tout; & celui des petits genies étant prefque immenfe à proportion; il y a entre les uns & les autres un certain milieu d'efprits mediocres, à la décifion defquels ceux qui font fubordonnez déferent aveuglément: de-là vient l'impreffion publique qu'on a que ceux qui rempliffent les premieres places du gouvernement, font ordinairement

les

les plus éclairez & les plus habiles : on écoute cette impreſſion ſans la contredire, ce ſilence groſſit les ſuffrages qu'on leur donne, & on en demeure dans cette ignorance.

Les Hollandois ſe picquent avec quelque apparence de preuve d'éviter ſcrupuleuſement ce premier rapport d'ignorance nationaire, parce qu'ils s'appliquent effectivement plus qu'aucune autre nation à approfondir les principes & les principaux uſages de la politique univerſelle : nous verrons dans la ſuite quel eſt leur motif, & comment il ſe ſoutient, quand nous traiterons de l'eſprit politique des Provinces Unies ; mais ils ont trop peu de fermeté pour s'empécher de ſuccomber au ſecond rapport ; ce qui reculera toûjours infiniment les projets qu'ils meditent dans les déterminations particulieres.

Au contraire, les Eſpagnols tombent tres-groſſierement dans tous les défauts du premier rapport par la negligence & l'aviliſſement des principes de la politique univerſelle, qu'ils ne paroiſſent connoître que pour ſe les approprier ſans diſtinction d'actions; de perſonnes, d'interêts & d'obſtacles ; ce qui les fait échoüer par tout, & ſuccomber dans tous les Traitez; mais ils conſervent la liberté de parler avec fermeté ſur les affaires publiques au préjudice de ce ſe-

cond

cond rapport que fonde l'ignorance nationaire, furquoi le Duc de Holftein-Ploen
difoit un jour à Vienne avec beaucoup de
folidité : *Les Hollandois par le premier fe foutiendront long-temps, mais ils n'iront pas loin ;
au contraire les Efpagnols ont de la peine à fe
foutenir par la foibleffe actuelle de la fituation
où ils font, mais fi jamais ils fe remettent, ils
ne peuvent pas manquer d'aller loin.*

Le troifiéme rapport de cette ignorance nationaire vient du peu d'habitude
qu'on a à connoître les autres hommes par
le peu de fincerité & d'application qu'on
employe à fe connoître foi-même ; ce qui
fait qu'on s'y méprend fouvent, & qu'on
prend pour genie d'une nation, fes deffauts, & pour motifs de la gouverner,
l'art d'augmenter ces deffauts au lieu de
les reparer. Il y a plus, on veut méconnoître fes proprietez qu'on pourroit cultiver, & on neglige par-là des reffources
avec lefquelles on pourroit toûjours les reparer.

Cette Metaphyfique ne fera peut-être
pas du goût de tout le monde ; mais j'ai
déja dit en plufieurs endroits que je parle
en general fans application, & que je ne
veux offenfer perfonne ; neanmoins il eft
vrai que chaque nation a fes deffauts, fes
qualitez, fes bons & fes mauvais endroits ;
& fi vous en voulez un exemple, l'amour

des

des richesses perdra-tôt ou tard les Hollandois, l'infatigable travail dont ils sont capables pour en acquerir en sera long-temps la ressource : l'ambition est un deffaut qui peut avoir des excés dangereux dans les François, mais la valeur & l'activité d'agir leur serviront long-temps de ressource.

Pour n'ignorer rien dans ce rapport, il faut avoir approfondi l'un & l'autre, avoir exactement pesé l'un par l'autre, & s'être convaincu par soi-même de celui qui prévaut ; soit pour faire plus de mal, soit pour procurer plus de bien. De bonnefoi est-ce avec cette connoissance préliminaire qu'on se met en voyage ? il n'en faut pourtant pas moins pour en pouvoir profiter , & au deffaut de cette discution , on ne porte que de l'ignorance dans les Cours étrangeres.

Dieu sçait ce que je pourrois avancer là-dessus ; je n'en veux produire que deux exemples qui pourront servir d'instruction, puisque c'est précisément ce que j'ai en vûë. Un Cavalier bien fait & qui avoit de tres-bonnes recommandations (fatal secours dans une Cour étrangere , quand on n'a pas l'art de le bien soûtenir par soi-même) fut interrogé par un Ministre sur le sujet de ses voyages, parce que paroissant d'une complexion foible & dans un

âge

âge assez avancé, il y avoit apparence que c'étoit pour quelque dessein particulier ; le Cavalier lui répondit ingenument : *Je voyage, Monsieur, pour connoître l'Europe, & pour avir dans la suite occasion de la faire connoître à ma patrie ;* ce Ministre lui repliqua : *Si le pinceau qui doit tracer l'Europe de vôtre façon ressemble à celui avec lequel vous nous dessignez vôtre païs, il y aura plus d'imagination que de verité dans vos originaux ; j'ai de la peine, Monsienr à supposer,* répondit ce Cavalier, *qu'il y en ait de plus parfaits que ceux que j'ai laissé dans mon païs ;* alors le Ministre se levant lui dit : *Vous me paroissez, Monsieur, être plus frapé d'une certaine impression, que d'être un veritable connoisseur ; vous jugerez de nous par ce qu'il y a de plus en vous, donnez-vous de garde qu'on ne juge ici de vous par ce qu'il y a de moins.*

L'étranger tomba dans une si grande perplexité, en opposant les premiers complimens d'estime pour sa nation & pour les recommandations qui en venoient avec cette réponse, qu'il demeura tout interdit : il y voulut revenir plusieurs fois, & tâcha à force de dépenses, de soins & de commerce avec les habiles gens de s'instruire mieux qu'il n'avoit fait ; mais ce ne fut que pour s'entendre dire au bout de dix-huit mois, *vous aviez besoin, Monsieur, de nous venir consulter, vous voyez qu'on apprend*

prend beaucoup quand on sçait peu en partant
de son païs ; & qu'on n'a pas peu profité quand
on a acquis en voyageant l'art d'apprendre.

Voici un second exemple : un homme
chargé d'une negotiation fut envoyé dans
une Cour où il avoit ordre de n'être qu'autant de temps qu'il en falloit pour passer
ses Offices & en attendre la réponse ; il
vint loger dans un Hôtellerie où il fut
complimenté de la part du premier Miniftre par un Abbé, qui le trouva pret de se
mettre à table, fort mécontent de la maniere dont les viandes étoient apprêtées se-
lon le goût du païs ; aprés les premiers
complimens cet Envoyé ne peut s'empêcher de lui dire, *quel païs est celui-ci, Monsieur ? on n'y mange pas comme dans les autres
lieux où j'ai passé & bien moins proprement
que chez moi* ; l'Abbé lui répondit : *on y
raisonne, Monsieur, comme on le doit, &
on s'entête peu de l'art de bien manger, que
d'autres nations peuvent porter aussi loin qu'il
leur plaît* ; l'Envoyé lui repartit : *quoi peut-
on raisonner juste dans un païs où tout me paroît irregulier ?* Alors l'Abbé se levant lui
repliqua : *Vous en jugerez par vous-mêmes,
& nous nous en rapporterons à vôtre goût,
pourvû que vous ne pretendiez pas assujettir le
nôtre.*

Au récit de la sotte conversation de cet
Envoyé, le Ministre ne manqua pas d'ap-

prendre à le connître; il vint effectivement
à son audience le jour suivant, & on n'y
parla que d'affaires; & à la sortie le Ministre lui dit d'un ton railleur: *Dinez bien,*
Monsieur, & preparez-vous demain à disner
chez moi, je vous en prie: l'Envoyé ne manqua pas d'y venir, on lui mit en tête un
de ces Censeurs secrets qui penetrent un
homme dés qu'il a commencé d'ouvrir la
bouche, sans consequence à ses offices, de
quoi on ne parle jamais de près ni de loin;
on le regala magnifiquement, & dans le
temps où la table donne la liberé de s'expliquer familierement, le Censeur lui de-
manda: *Hé bien Monsieur l'Envoyé, quel est*
vôtre goût pour ce païs? celui-ci lui répondit: *il y a de la magnificence par tout, mais il*
y manque encore quelque chose, à quoi l'autre repartit finement: *si ce n'est que vôtre*
suffrage, on pourra s'en passer.

En effet cet Envoyé ne fut pas assez
long-temps dans cette Cour pour en profiter, car il en sortit si dégoûté de tout,
qu'à force de le marquer il donna occasion
qu'on lui fit connoître en mille manieres
qu'on l'étoit pour le moins autant de lui;
il fit à son retour un portrait ridicule de
cette Cour, & comme il faut prendre garde à ce qu'on dit, il y eut un étranger
dans la compagnie qui lui repliqua fiere-
ment: *Si vôtre propre païs n'a pû vous donner*

du

du fens commun, comment voulez-vous qu'u-
ne Cour où vous n'avez fait que paffer ait pû
vous apprendre ce que vous n'étiez pas difpofé
de fçavoir ? On fçeut cette repartie dans la
Cour dont l'Envoyé avoit parlé fi mal à
propos, & l'on eft bien feur qu'il y paffe-
ra long-temps pour le plus grand fot qui
ait jamais été honoré d'un emploi public:
voilà ce que produit l'ignorance & où porte une fotte prevention.

. On n'apprend jamais en voyageant, ce
qu'on fuppofe qu'un honnête homme doit
fçavoir avant que de s'engager à voyager;
les principes de la fociété & de la politique font fi liez les uns avec les autres,
qu'un homme qui peche contre les premiers fe tourne lui-même en ridicule dés
qu'il parle & qu'il a marqué là-deffus une
injufte preference.

L'ignorance d'une determination per-
fonnelle d'un Miniftre avec une determination nationnaire eft une feconde pierre
d'achopement, contre laquelle la plûpart
des voyageurs inconfiderez & mal inftruits
vont fe brifer. On leur parle des fimpto-
mes actuels du gouvernement de leur pais,
exprés pour les faire parler, & au lieu de
marquer par une fage replique qu'ils fça-
vent démêler les interêts & les vûes de fa
nation, des motifs perfonnels de ceux qui
gouvernent, & qui pour cela les determi-

nent

nent autrement ; ils paſſent pour des ſots s'ils
confondent les uns avec les autres ; & pour
des papillons qui s'attachent toûjours à ce
qui a le plus de lueur: qu'on tente aprés cette
bévûë tout ce qu'on voudra ; il eſt impoſſible d'en revenir dans l'eſtime des gens
bien ſenſez, la raillerie ſuccede au ſerieux ;
& plus on fera de dépenſe pour s'introduire dans les belles compagnies, plus on
y paſſe pour des ridicules : dites à ces
étourdis ou a ces pretendus politiques,
qu'ils pechent dans les principes : ils vous
traiteront vous-mêmes de ridicule & de vi-
ſionaire, & on en a vû d'aſſez malins pour
vouloir rendre ſuſpect un homme qui avoit
eu aſſez d'amitié & de zéle pour ſa nation
pour les avertir de leur égarement.

On ſçait dans tous les pais étrangers les
défauts de chaque nation ; on en compo-
ſe même certains axiomes qui ne ſont pas
tout à fait faux ; car aprés tout s'ils ne ſont
pas abſolument vrais, il en eſt infailible-
ment quelque choſe ; & ſoit que la prévention ou le temps ayent donné de l'autorité à ces ſortes de proverbes, tout homme qui vient les choquer paſſe pour un
extravagant.

L'Art de voyager eſt bien éloigné de
cette contradiction, auſſi bien que de cet
aveu : on peche également dans l'un &
dans l'autre, ce que tres-peu de perſonnes
com-

comprennent ; celui qui difconvient du
defaut qu'on impute à fa nation, s'attire fur
les bras celle au milieu de laquelle il fe
trouve, ce qui eft toûjours une grande
imprudence.

Les voyageur n'eft gueres moins fot
quand il tombe dans l'autre extrémité,
c'eft-à-dire, quand il convient froidement
& indolemment de tout ce qu'on impofe
à fa nation ; car s'il captive par cette fincerité quelques efprits vulgaires, il ne
manque jamais de pafler pour un fat dans
l'efprit des honnêtes gens : c'eft encore pis
de ne convenir de ce qu'on s'entend reprocher, que pour reprocher fur le champ
à la nation qui vous attaque le defaut qu'on
lui impute dans vôtre païs ; car comme
c'eft l'infulter chez elle, on ne peut que
l'irriter, & alors les plus fages defapprou-
vent que vous veniez au milieu d'un païs
y reprocher un defaut qu'il eft toûjours
honteux d'avoir, & odieux de s'entendre
reprocher. Que faut-il donc faire ? ce que
perfonne ne vous enfeignera jamais fi vous
avez omis de l'apprendre avant que de fortir de chez vous ; c'eft d'y avoir bien étu-
dié les defauts & les vertus de vôtre nation
en les oppofant les uns aux autres pour les
oppofer dans l'occafion à ce qu'on vous
impute, & parler des uns fans rien marquer
ni pour ni contre par le détail & par la

conviction des autres : c'est par cette conduite que vous passerez pour pour un homme sage dans les païs étrangers : qu'on
comprend dequoi vous étes capable, &
qu'on vous y considere à proportion que
vous paroissez bien instruit, & qu'on peut
davantage apprendre par vous à connoître
une nation qu'on ne veut peut-être jamais
voir ; & s'il est vrai qu'un détail en attire
un autre, celui que vous faites de vôtre
païs, vous attire infailliblement la connoissance de celui où vous étes, & par cette adresse vous comprenez vous mêmes avec
fondement ce que vous étes allé chercher,
c'est-à-dire, la découverte du genie, de la
politique & des mœurs d'une nation entiè-
re. Voilà ce que produit l'intelligence
dans l'art de voyager ; j'en veux donner un
exemple qui m'a frapé autrefois tres-sen-
siblement. Un Italien se trouvant en Li-
thuanie, un des principaux Seigneurs du
païs lui dit par conversation : *D'où vient,
Monsieur, que les Italiens ne pardonnent jamais?* L'Italien lui repliqua : *C'est, Monsieur, parce-qu'ils ne s'offencent pas legerement.*
Comme c'est-là le grand defaut de la Na-
blesse Polonoise & Lithuaniene, la replique fut tres-sage & me parut la plus fine
censure que jamais homme eût pû faire de
cette Noblesse ; le Lithuanien en fut si sa-
gement touché qu'il affecta de relever le
de-

defaut de sa nation en repliquant : *Il fau-droit , Monsieur , que nous nous fâchassions aussi legerement qu'on vous l'a fait accroire chez vous , si nous devenions capables de nous fâcher en nous entendant dire des veritez de si bonne grace.* Il lui fit present d'un cheval, & il ordonna que de sa Terre qui est à deux journées de Grodnaw on le conduisit à ses dépens jusqu'à Danzic où cet Italien vou-loit aller.

Mettez à la place de tout ce que vous venez de lire , l'esprit avec lequel la plû-part des hommes voyagent, & vous com-prendrez aisément ce que produit cette pre-ference inquiéte qui détermine sur les pre-mieres préventions qui sont presque toû-jours fausses ; & par-là vous jugerez s'il n'étoit pas necessaire de donner au public une methode de voyager : je vais traiter maintenant de l'esprit politique de toutes ler Cours de l'Europe , & j'espere que la maniere dont j'en traiterai sera du goût de tout le monde, parce qu'il s'agit à present des faits & des maximes d'usage & de com-merce , sans lesquelles il est impossible de penetrer le veritable esprit de ces Cours : je commence par celui de la Porte ou Cour Ottomane.

F I N.

A AMSTERDAM,

De l'Imprimerie de DANIÉL BOULESTEYS
DE LA CONTIE, dans l'Eland-ftraat.

M. D. XCVIII.

9 782329 686608